이 책의
차례

중국어 학습을 처음 시작하는 어린이를 둔 학부모님들이 제게 가장 먼저 물어오는 말은 "중국어는 어렵지 않나요?"입니다.

그렇지만 '쉽다? 어렵다?'라고 단정지어 말 할 수는 없습니다. 중국인 학생들에게 한국어를 교육했던 경험으로 미루어보아 한국어도 참 어려운 언어이기 때문에 처음 접하게 되는 중국어는 당연히 낯설 수 있습니다.

이와 같이 대다수의 학부모님들이나 학생들이 중국어를 어렵게 느끼는 이유는 한국어와 달리 성조체계가 있는 발음과 한자때문일 것입니다. 이 두가지 고민을 한 번에 해결하려 하기 보다는 시간을 두고 순차적으로 접근하는 방법은 어떨까요?

『어린이 중국어 해결사 – 발음』이 소리(발음)익히기에 중점을 두었다면 이번『어린이 중국어 해결사 – 하루일과』에서는 기본적인 생활표현과 중국어 간체자 노출에 중점을 두었습니다.

이제, 여러분과 함께『어린이 중국어 해결사 – 하루일과』교재의 특징을 살펴볼까요?

하나. 실용적인 표현만 담았어요!

어린이 중국어 교재에서 공통적으로 소개하고 있는 표현 중 사용빈도가 높은 표현을 중심으로 일상생활에 필요한 실용적인 회화표현과 단어를 선별하여 구성했어요.

문법 설명은 최소화하고 반복적인 연습을 통해 자연스럽게 습득할 수 있도록 구성했습니다.

둘. 한자에 대한 두려움을 없앨 수 있도록 구성했어요!

매 과의 시작 페이지를 주목하세요! 매 과에서 배우게 될 중요 표현을 구성하고 있는 한자(간체자)를 그림 속에 숨겨 놓았어요. 알쏭달쏭 '숨은한자찾기'를 통해 한자에 자연스럽게 노출될 수 있도록 했고, 한자찾기를 통해 집중력도 높일 수 있게 구성했어요!
그리고 매 과마다 '한자익히기'에서 그림과 스토리텔링을 통해 재미있게 학습할 수 있도록 구성했답니다.

셋. 나의 하루를 보는 듯한 내용으로 흥미와 재미를 더했어요!

중국어를 학습하는 어린이들이 기본적으로 알아야 하는 표현들을 하루일과 에피소드에 맞춰 구성했어요. 어린이의 관점에서 하루를 보내며 가장 많이 말하고 듣게 될 표현들을 시간 순서에 맞춰 8개 단원으로 구성했답니다.

넷. 주도적인 학습을 통해 성취감을 높일 수 있도록 했어요!

부록에 있는 병음카드와 한자카드를 활용한 게임은 중국어 발음 뿐 아니라 문자까지 익히는데 특화되어 있어요. 단순하면서도 반복적인 게임을 통해 귀로는 발음을, 눈으로는 한자를 익히며 자연스럽게 '놀이'가 '학습'이 될 수 있도록 구성했답니다.

끝으로 『**어린이 중국어 해결사 - 하루일과**』를 통해서 우리 어린이들이 중국어를 재미있게 공부하고, 중국어에 자신감이 생기면서 "중국어는 정말 재미있어요!"라고 말하는 어린이가 하나 둘씩 늘어나기를 바랍니다.

저자 **김민영**

사용하세요!

알쏭달쏭 숨은한자찾기로 한자와 친해져요!

그림 속에 숨어있는 한자를 찾아보면서 무엇을 배울지 미리 생각해요. 한자에 대한 거부감도 없애고, 집중력도 높여요.

그림을 보며 이야기를 만들어요!

그림 속 주인공들이 어떤 이야기를 가지고 있는지 자유롭게 이야기하며, 스토리텔링 학습을 통해 기대감과 흥미를 높여요.

일상 생활에서 자주 사용하는 표현을 익혀요!

그림을 보고 상황을 떠올린 뒤, 한어병음을 보고 자연스럽게 의사소통 연습을 해요.
간체자로 쓰인 문장을 보고 읽기도 연습해요.

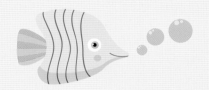

단어를 바꿔가며 다양한 문장을 만들어요!

본문에서 공통적으로 쓰였던 문장에 다양한 단어를 바꿔 연습하면 문장을 완벽하게 익힐 수 있어요.

여러 가지 단어를 익혀요!

본문 주제와 관련하여 다양한 단어를 더 익힐 수 있어요. 이 단어를 활용해서 다양한 문장도 만들 수 있어요.

재미있는 한자를 익혀요!

그림과 이야기를 통해 한자가 만들어진 유래와 뜻을 이해하고, 따라 쓰면서 한자를 익혀요.

재미있는 만화로 복습해요!

앞서 배운 표현을 만화로 보며 다시 한번 복습해요. 비어있는 말풍선에 알맞은 문장 스티커를 붙여 대화를 완성해요.

낱말 카드로 재미있게 놀아요!

병음카드와 한자카드를 가지고 놀 수 있는 여러 가지 놀이법을 소개해요. 친구, 선생님과 다 같이 신나게 놀면서 중국어를 익혀요.

쿵짝쿵짝 챈트를 따라 불러요!

신나는 반주에 맞춰 챈트를 따라 부르면 중국어가 기억에 오래 남아요.

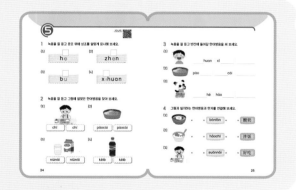

혼자서도 척척! 자신 있게 공부해요!

수업에서 배운 내용을 다시 한번 익혀요. 발음을 듣고 큰 소리로 읽으며, 천천히 따라 써 보세요. 어느새 중국어 실력이 쑥쑥!!

※ 정답은 홈페이지를 참조하세요.

원어민의 녹음을 따라 큰 소리로 말해요!

QR코드를 스캔하면 원어민 음성파일을 들을 수 있어요.
정확한 발음을 듣고 큰 소리로 읽어 보세요.

bàba

māma

안녕하세요! 만나서 반가워요.
내 이름은 다락이에요.
우리 가족은 네 명, 아니 다섯 명이에요.
아빠, 엄마, 남동생 그리고
팡팡이와 함께 살고 있어요.

dìdi

팡팡이 때문에 중국을 좋아하게 되었고,
방과후수업으로 중국어를 배우고 있어요.
호기심이 많지만, 그만큼 겁도 많은 것은 비밀!
우리 반 친구들을 소개할게요.
우리와 함께 중국어를 배워 볼까요?

중국에서 온 말하는
신기한 판다, 팡팡이에요.
다락이와 가장 친한 친구이고
호기심이 아주 많아요!

같은 반 친구 민건이에요.
밝고 씩씩한 개구쟁이에요.

같은 반 친구 소을이에요.
차분하고 조용한 성격에,
친구들을 잘 배려해요!

새로 전한 온 친구 미송이에요.
활발하고 명랑한 성격이라
친구들과 빨리 친해져요!

좋은 아침이야!

1

다락이가 등굣길에 친구를 만났어요.
아침에 만나면 어떻게 인사해야 할까요?
그림 속에 숨어 있는 한자를 찾아 "早上好", "再见" 문장을 완성해 보세요.

M01_02

⭐ 다락이가 아침 등굣길에 민건이를 만나 어떻게 인사할까요?
녹음을 잘 듣고 따라 말해 보세요.

 早上好!
Zǎoshang hǎo!

 早上好!
Zǎoshang hǎo!

 단어 　早上 zǎoshang 아침　　　好 hǎo 안녕하다, 좋다

듣고 말하기 2

팡팡이가 강아지, 고양이와 헤어지며 어떻게 인사할까요?
녹음을 잘 듣고 따라 말해 보세요.

明天见!
Míngtiān jiàn!

再见!
Zàijiàn!

明天 míngtiān 내일
再见 zàijiàn 잘 가요, 또 만나요

见 jiàn 만나다
再 zài 또, 다시

⭐ 다음 빈칸에 낱말 퍼즐을 바꿔 넣어서 연습해 보세요.

? | 好！
hǎo!

早上
zǎoshang
아침

晚上
wǎnshang
저녁

? | 见！
jiàn!

再
zài
다시, 또

明天
míngtiān
내일

⭐ 재미있는 이야기와 그림으로 한자의 뜻을 알아보고, 또박또박 바르게 써 보세요.

좋을 호
hǎo

'좋다'는 뜻을 가진 好를 자세히 보면 '여자 여(女)'와 '아들 자(子)'로 이루어져 있답니다. 엄마와 아들이 함께 있는 모습이 좋아 보이죠? 중국어에서도 好[hǎo]는 '좋다'라는 뜻으로 쓰이지만, 인사 표현으로 '안녕하다'라는 의미도 있어요.

好　好　好　好

선생님 안녕하세요!

친구들이 교실에서 인사를 나누고 있네요.
선생님께는 어떻게 인사해야 할까요?
그림 속에 숨어 있는 한자를 찾아 "老师好", "你好" 문장을 완성해 보세요.

⭐ 선생님께는 어떻게 인사해야 할까요? 녹음을 잘 듣고 따라 말해 보세요.

 你们好!
Nǐmen hǎo!

 老师好!
Lǎoshī hǎo!

 단어
你 nǐ 너
老师 lǎoshī 선생님

们 men ~들(복수)

18

⭐ 새로운 친구가 전학을 왔어요. 친구들과 인사해 볼까요? 녹음을 잘 듣고 따라 말해 보세요.

你们好!
Nǐmen hǎo!

你好!
Nǐ hǎo!

⭐ 다음 빈칸에 낱말 퍼즐을 바꿔 넣어서 연습해 보세요.

?

们
men

我
wǒ
나

你
nǐ
너

?

好!
hǎo!

你们
nǐmen
너희들

老师
lǎoshī
선생님

你
nǐ
너

한자 익히기

⭐ 재미있는 이야기와 그림으로 한자의 뜻을 알아보고, 또박또박 바르게 써 보세요.

們	们	들 문 men

'사람들 무리'의 뜻을 가진 們를 자세히 보면 '사람 인(人)'과 '문 문(門)'으로 이루어져 있답니다. 문을 열고 밖으로 나가면 사람들이 많죠? 們은 사람들 '무리'를 뜻해요. 그런데 한자와 중국어를 비교해 보면 모양이 조금 다르지만 뜻은 같아요. '나'를 나타내는 '我 [wǒ]' 뒤에 '们'을 쓰면 '우리들', '너'를 나타내는 '你[nǐ]' 뒤에 '们'을 쓰면 '너희들'이 된답니다.

們	們	们	们

너는 이름이 뭐니?

3

새로 전학 온 친구와 인사를 하고 있네요.
전학 온 친구의 이름은 무엇일까요?
그림 속에 숨어 있는 한자를 찾아 "你叫什么名字?" 문장을 완성해 보세요.

M03_01

你叫什么名字？

M03_02

⭐ 새로 전학 온 친구의 이름은 무엇일까요? 녹음을 잘 듣고 따라 말해 보세요.

Nǐ hǎo! Wǒ jiào Duōlè.
Nǐ jiào shénme míngzi?

Nǐ hǎo! Wǒ jiào Měisōng.

 你好！我叫多乐。你叫什么名字？
Nǐ hǎo! Wǒ jiào Duōlè. Nǐ jiào shénme míngzi?

 你好！我叫美松。
Nǐ hǎo! Wǒ jiào Měisōng.

 단어

我 wǒ 나

什么 shénme 무엇?

叫 jiào ～라고 하다

名字 míngzi 이름

⭐ 팡팡이는 어떻게 자기 소개를 할까요? 녹음을 잘 듣고 따라 말해 보세요.

 你好！我叫胖胖。
Nǐ hǎo! Wǒ jiào Pàngpang.

 你…，你好！
Nǐ …,   nǐ hǎo!

바꿔 말하기

⭐ 다음 빈칸에 낱말 퍼즐을 바꿔 넣어서 연습해 보세요.

我　　叫　　？　。
Wǒ　　jiào

多乐
Duōlè
다락

旻建
Mínjiàn
민건

小乙
Xiǎoyǐ
소을

美松
Měisōng
미송

你叫什么名字?
Nǐ jiào shénme míngzi?

자기 이름을 중국어로 적어보세요.

🌼 중국어	我叫　　　　　　。
🌼 병음	Wǒ jiào　　　　.

26

한자 익히기

M03_05

⭐ 재미있는 이야기와 그림으로 한자의 뜻을 알아보고, 또박또박 바르게 써 보세요.

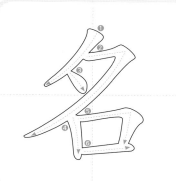

이름 명
míng

'이름'이라는 뜻을 가진 한자 名를 자세히 보면 '저녁 석(夕)'과 '입 구(口)'로 이루어져 있답니다. 옛날에는 지금과 달리 가로등이 많지 않아 저녁이 되면 많이 어두웠어요. 깜깜한 저녁이 되면 엄마는 밖에서 놀고 있는 아이들의 이름을 크게 부르며 어서 집으로 들어오라고 했답니다. 그래서 '저녁 석(夕)'과 '입 구(口)'가 합쳐져 '이름 명(名)'이 되었어요.

너는 연필이 있니?

4

수업 시간이 되었어요.
그런데 다락이는 무엇을 하고 있을까요?
그림 속에 숨어 있는 한자를 찾아 "你有铅笔吗?" 문장을 완성해 보세요.

M04_02

⭐ 다락이가 미송이에게 무엇을 빌리고 있을까요? 녹음을 잘 듣고 따라 말해 보세요.

 你有铅笔吗?
Nǐ yǒu qiānbǐ ma?

 谢谢。
Xièxie.

 有。
Yǒu.

 不客气。
Bú kèqi.

 单어

有 yǒu 있다　　　铅笔 qiānbǐ 연필　　　吗 ma ～입니까?
谢谢 xièxie 고마워요　　不客气 bú kèqi 천만에요

M04_03

⭐ 다락이가 미송이에게 어떻게 사과할까요? 녹음을 잘 듣고 따라 말해 보세요.

Méi guānxi, méi guānxi.

Duìbuqǐ.

 对不起。
Duìbuqǐ.

 没关系，没关系。
Méi guānxi, méi guānxi.

 단어
对不起 duìbuqǐ 미안해요
没关系 méi guānxi 괜찮아요

M04_04

⭐ 다음 빈칸에 낱말 퍼즐을 바꿔 넣어서 연습해 보세요.

你
Nǐ

有
yǒu

?

吗?
ma?

铅笔
qiānbǐ
연필

彩笔
cǎibǐ
색연필

圆珠笔
yuánzhūbǐ
볼펜

尺子
chǐzi
자

书
shū
책

橡皮
xiàngpí
지우개

蜡笔
làbǐ
크레파스

有。
Yǒu.

没有。
Méiyǒu.

⭐ 재미있는 이야기와 그림으로 한자의 뜻을 알아보고, 또박또박 바르게 써 보세요.

붓 필
bǐ

옛날에는 글씨를 무엇으로 썼을까요? 筆은 '붓'이라는 뜻을 가지고 있지만, 붓을 쓰지 않는 지금은 글씨를 쓰는 연필과 같은 '필기구'를 뜻해요. 筆자를 자세히 보면 '대나무 죽(竹)'과 '붓 율(聿)'로 이루어져 있답니다. 그런데 한자와 중국어 간체자를 비교해보면 모양이 조금 다르죠? 중국어 笔를 자세히 보면 '대나무 죽(竹)'과 '털 모(毛)'로 이루어져 있어요. 붓대인 대나무 끝에 털이 있는 모양을 잘 표현한 한자예요. 중국어 간체자가 훨씬 쓰기가 간단하네요.

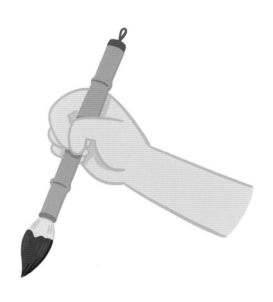

筆 筆 笔 笔

녹음을 잘 듣고 빈 말풍선에 들어갈 알맞은 스티커를 찾아서 붙여보세요.

O01_01

① 다락이, 팡팡이가 등굣길에 누구를 만나서 인사를 하고 있을까요?

2 학교에서 선생님과 친구들에게 어떻게 인사해야 할까요?
잘 듣고 따라 말해볼까요?

중국어로 인사할 때는 언제 만나느냐, 누구를 만나느냐에 따라서 인사방법이 달라진다고 해요. 신나는 반주에 맞춰 챈트를 따라 불러보세요.

반가운 인사표현을 중국어로 말해 봐요!

🤟, ✌️, ✊, ✌️, 🖖, 🖐️ !

아침에 만나면 이렇게 인사해요! Zǎoshang hǎo × 3

저녁에 만나면 이렇게 인사해요! Wǎnshang hǎo × 3

친구를 만나면 이렇게 인사해요! Nǐ hǎo × 5

반가운 인사표현을 중국어로 말해 봐요!

🤟, ✌️, ✊, ✌️, 🖖, 🖐️ !

선생님을 만나면 이렇게 인사해요! Lǎoshī hǎo × 3

내일 만날 친구와 이렇게 인사해요! Míngtiān jiàn × 3

헤어지는 친구와 이렇게 인사해요! Zàijiàn × 5

③ 다락이와 팡팡이가 새 친구를 만나 신났어요.
새로 전학 온 친구의 이름은 무엇인지 알아볼까요?

4 수업시간이 되었어요.
다락이는 미송이에게 무슨 말을 하고 있을까요?

5 수업시간이 되었어요.
민건이와 팡팡이가 무슨 말을 하고 있을까요?

O01_06

没有。

你有尺子吗?

不好意思。

没关系，没关系。

* 不好意思 bùhǎoyìsi는 对不起보다 가벼운 뜻의 '미안해'랍니다.
난처하거나 곤란한 상황에서 쓰는 표현이에요!

복습1 **39**

⭐ 우리 친구들의 필통 안에는 어떤 필기구들이 들어있을까요?
신나는 반주에 맞춰 챈트를 따라 불러보세요.

필통 속 필기구를 중국어로 말해 봐요!

✌️, ✌️, ✌️, ✌️, ✌️, ✋ !

필통 속에 있는 사각사각 연필은	qiānbǐ × 5
필통 속에 있는 쓱싹쓱싹 지우개	xiàngpí × 5
필통 속에 있는 알록달록 크레파스	làbǐ × 5

필통 속 필기구를 중국어로 말해 봐요!

✌️, ✌️, ✌️, ✌️, ✌️, ✋ !

필통 속에 있는 무지개빛 색연필	cǎibǐ × 5
필통 속에 있는 길다란 자는	chǐzi × 5
필통을 열면 책도 있을까?	shū × 5

⭐ '있어? 없어?' 게임(단어카드 활용)

중국어 단어의 뜻과 소리는 물론, 카드 종류에 따라 병음이나 한자 모양을 익힐 수 있는 게임입니다. 2명이 짝을 이뤄 함께할 수 있으며, 병음카드만 사용할 경우 서로의 병음카드 두 세트를 가지고 진행해야 합니다. 처음에는 병음카드로 진행하고 병음이 익숙해지면 병음카드와 한자카드를 함께 사용거나 한자카드만 사용하여 난이도를 조절할 수 있습니다.

게임방법

❶ 각각 5~10장의 카드를 나누어 가지고, 남은 카드는 보이지 않도록 뒤집어 가운데 둔다. 이때 카드는 서로가 볼 수 없도록 손에 들고 있다.

❷ 내가 가지고 있는 카드 중 하나를 상대에게 있는지 묻고, 상대가 가지고 있다면 나의 카드와 상대의 카드를 모두 내 자리 앞에 내려 놓는다.

❸ 만약 상대에게 내가 물어본 카드가 없다면 카드 더미에서 한 장을 가져와야 한다.

❹ 반복하여 게임한다. 내 손에 카드가 없으면 승리!

　(또는 일정 시간이 지난 뒤 카드를 많이 모은 사람이 승리!)

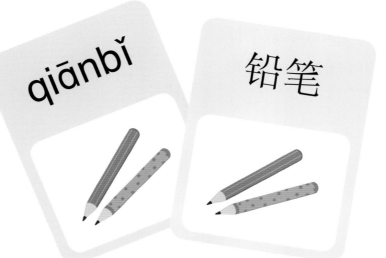

⭐ 카드 뒤집기 게임

이 게임은 중국어 단어를 정확하게 읽을 수 있도록 연습할 수 있을 뿐 아니라, 한자 모양도 익힐 수 있는 게임입니다. 또 카드의 내용과 위치를 기억하고 있으면서 같은 카드를 찾아야 하므로 기억력과 순발력을 높여줍니다.

둘 혹은 여럿이서 순서를 정해 진행할 수 있습니다. 처음에는 적은 수량의 카드로 진행하다가 익숙해지면 수량을 늘려가며 재미를 높일 수 있습니다.

게임방법

❶ 각 20장의 카드(동일한 단어카드로 병음카드 10장, 한자카드 10장)를 잘 섞어서 내용이 보이지 않도록 윗줄 10장, 아랫줄 10장으로 놓는다.

❷ 카드는 한 번에 두 장만 뒤집는다.

❸ 뒤집은 카드를 보면서 중국어로 큰 소리로 읽고, 같은 단어가 아니라면 다시 뒤집어 놓는다.

❹ 잘 기억하고 있다가 같은 단어 카드의 위치를 기억하고 뒤집는다.

❺ 같은 단어 카드가 나오면 카드 두 장을 가져간다.

❻ 돌아가면서 반복하여 게임한다.

❼ 카드를 많이 모은 사람이 승리!

나는 김치를 좋아해.

5

즐거운 점심 시간이 되었어요.
다락이는 무엇을 먹고 있을까요?
그림 속에 숨어 있는 한자를 찾아 "我喜欢泡菜。" 문장을 완성해 보세요.

我喜欢泡菜。

P05_02

⭐ 민건이와 소을이가 싫어하는 반찬은 무엇일까요? 녹음을 잘 듣고 따라 말해 보세요.

 你们喜欢泡菜吗?
Nǐmen xǐhuan pàocài ma?

 不喜欢。
Bù xǐhuan.

 喜欢 xǐhuan 좋아하다   泡菜 pàocài 김치
不 bù 아니다(부정)

46

듣고 말하기 ❷

P05_03

⭐ 미송이가 별로 좋아하지 않는 것은 무엇일까요? 녹음을 잘 듣고 따라 말해 보세요.

> Nǐ xǐhuan niúnǎi ma?

> Bú tài xǐhuan.

 你喜欢牛奶吗?
Nǐ xǐhuan niúnǎi ma?

 不太喜欢。
Bú tài xǐhuan.

 牛奶 niúnǎi 우유
不太 bú tài 별로 ~하지 않다

단어

P05_04

⭐ 다락이와 팡팡이는 무엇을 좋아할까요? 녹음을 잘 듣고 따라 말해 보세요.

 我喜欢泡菜。真好吃!
Wǒ xǐhuan pàocài. Zhēn hǎochī!

 我喜欢牛奶。真好喝!
Wǒ xǐhuan niúnǎi. Zhēn hǎohē!

 真 zhēn 정말, 진짜　　好吃 hǎochī 맛있다(요리)　　吃 chī 먹다
好喝 hǎohē 맛있다(음료)　　喝 hē 마시다

바꿔 말하기

⭐ 다음 빈칸에 낱말 퍼즐을 바꿔 넣어서 연습해 보세요.

我
Wǒ

?

喜欢
xǐhuan

? 。

不
bù
아니다(부정)

泡菜
pàocài
김치

不太
bú tài
별로~하지 않다

牛奶
niúnǎi
우유

不(bù)는 때때로 성조가 변해요! 언제 성조가 변할까요?
不 뒤에 제4성의 단어가 오면 bú로 바뀐답니다!

단어 더 알기

⭐ 우리 친구들은 어떤 음식을 좋아하나요? 단어를 따라 읽어 보세요.

拌饭
bànfàn
비빔밥

汉堡包
hànbǎobāo
햄버거

炸酱面
zhájiàngmiàn
자장면

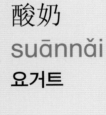
酸奶
suānnǎi
요거트

比萨
bǐsà
피자

可乐
kělè
콜라

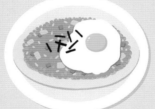
炒饭
chǎofàn
볶음밥

炒年糕
chǎoniángāo
떡볶이

我喜欢 ☐ 。
Wǒ xǐhuan ☐ .

50

한자 익히기

P05_07

⭐ 재미있는 이야기와 그림으로 한자의 뜻을 알아보고, 또박또박 바르게 써 보세요.

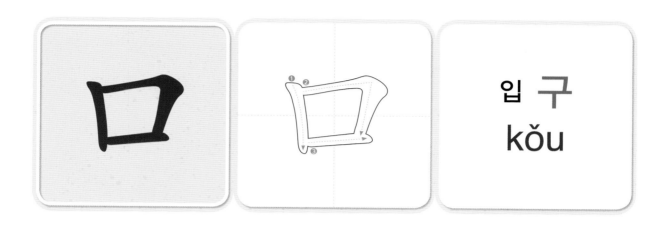

입 구
kǒu

'입'이라는 뜻을 가지고 있는 한자 口를 보면 입 모양이 생각나지 않나요? '먹다'라는 뜻을 가진 중국어 吃[chī]와 '마시다'라는 뜻을 가진 중국어 喝[hē]를 자세히 보면 부수가 바로 '口'라는 걸 알 수 있어요. 이외에도 이름을 소개할 때 썼던 '~라고 하다'라는 뜻의 叫[jiào], '노래 부르다'의 뜻을 가진 唱[chàng], 입으로 바람을 '불다'라는 뜻의 吹[chuī] 모두 입으로 하는 행동과 관련된 의미라는 것을 알 수 있겠죠?

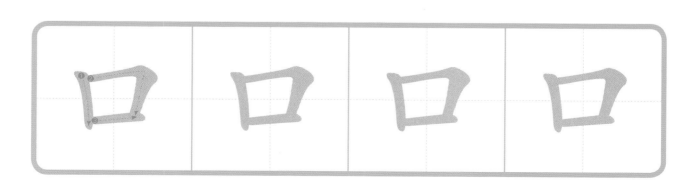

6 나는 중국어 수업을 들어.

방과후 수업시간이 되었어요.
다락이와 친구들은 어떤 방과후 활동을 할까요?
그림 속에 숨어 있는 한자를 찾아 "我上汉语课." 문장을 완성해 보세요.

P06_01

P06_02

⭐ 민건이는 어떤 방과후 수업을 들을까요? 녹음을 잘 듣고 따라 말해 보세요.

Nǐ shàng shénme kè?

Wǒ shàng zúqiú kè.

你上什么课?
Nǐ shàng shénme kè?

我上足球课。
Wǒ shàng zúqiú kè.

단어

上课 shàng kè 수업을 하다(듣다)
课 kè 수업, 과목

足球 zúqiú 축구

⭐ 미송이와 소을이는 어떤 방과후 수업을 들을까요? 녹음을 잘 듣고 따라 말해 보세요.

Nǐmen shàng shénme kè?

Wǒmen shàng bālěi kè.

 你们上什么课?
Nǐmen shàng shénme kè?

 我们上芭蕾课。
Wǒmen shàng bālěi kè.

 단어 芭蕾 bālěi 발레

다락이는 어떤 방과후 수업을 들을까요? 녹음을 잘 듣고 따라 말해 보세요.

你上什么课?
Nǐ shàng shénme kè?

我上汉语课。真有意思!
Wǒ shàng Hànyǔ kè. Zhēn yǒu yìsi!

단어 汉语 Hànyǔ 중국어   有意思 yǒu yìsi 재미있다

바꿔 말하기

⭐ 다음 빈칸에 낱말 퍼즐을 바꿔 넣어서 연습해 보세요.

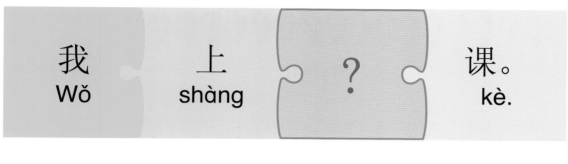

我　　上　　？　　课。
Wǒ　shàng　　kè.

足球
zúqiú
축구

芭蕾
bālěi
발레

汉语
Hànyǔ
중국어

단어 더 알기

⭐ 무슨 요일에 어떤 방과후 수업을 듣고 있나요? 다음 단어를 따라 읽어 보세요.

3월

星期一 xīngqīyī 월요일	星期二 xīngqī'èr 화요일	星期三 xīngqīsān 수요일	星期四 xīngqīsì 목요일	星期五 xīngqīwǔ 금요일	星期六 xīngqīliù 토요일	星期天 xīngqītiān 일요일
英语 Yīngyǔ 영어	小提琴 xiǎotíqín 바이올린	美术 měishù 미술	数学 shùxué 수학	跆拳道 táiquándào 태권도		

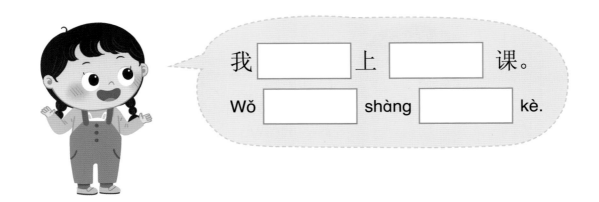

我 ☐ 上 ☐ 课。

Wǒ ☐ shàng ☐ kè.

한자 익히기

⭐ 재미있는 이야기와 그림으로 한자의 뜻을 알아보고, 또박또박 바르게 써 보세요.

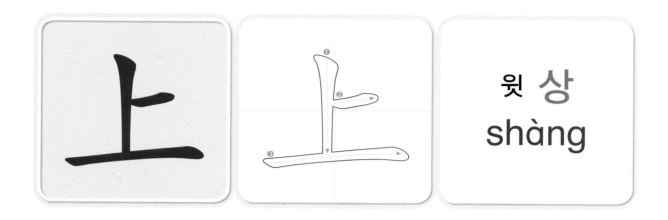

윗 상
shàng

'위'라는 뜻을 가지고 있는 한자를 자세히 보면 땅을 기준으로 하늘을 향해 위로 뻗어나가는 모습처럼 보이지 않나요? 우리가 땅 위에서 할 수 있는 일이 참 많은 것처럼, '上'이라는 한자는 '위쪽'을 나타내는 뜻 말고도 여러 의미를 가지고 있어요. '上'은 '등급이 높다', '높은 곳으로 오르다' 등의 의미도 있고, '정해진 시간에 무엇을 하다'라는 뜻도 가지고 있답니다.

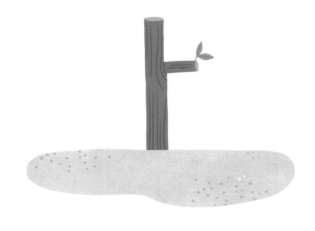

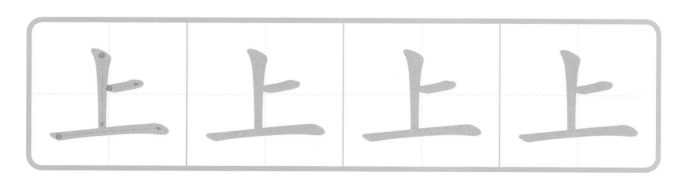

너는 무엇을 하고 있니?

7

P07_01

저녁이 되어 친구들이 모두 집으로 돌아갔어요.
다락이와 친구들은 무엇을 하고 있을까요?
그림 속에 숨어 있는 한자를 찾아 "你干什么呢?" 문장을 완성해 보세요.

P07_02

미송이는 무엇을 하고 있을까요? 녹음을 잘 듣고 따라 말해 보세요.

Nǐ gàn shénme ne?

Wǒ tīng yīnyuè ne.

你干什么呢?
Nǐ gàn shénme ne?

我听音乐呢。
Wǒ tīng yīnyuè ne.

 단어

干 gàn ~을 하다   呢 ne ~(하고) 있다

听 tīng 듣다   音乐 yīnyuè 음악

⭐ 민건이는 무엇을 하고 있을까요? 녹음을 잘 듣고 따라 말해 보세요.

 你干什么呢?
Nǐ gàn shénme ne?

 我洗脸呢。
Wǒ xǐliǎn ne.

단어
洗脸 xǐliǎn 세수하다   洗 xǐ 씻다
脸 liǎn 얼굴

P07_04

⭐ 소을이는 무엇을 하고 있을까요? 녹음을 잘 듣고 따라 말해 보세요.

 你干什么呢?
Nǐ gàn shénme ne?

 我看书呢。
Wǒ kàn shū ne.

단어   看 kàn 보다   书 shū 책

바꿔 말하기

⭐ 다음 빈칸에 낱말 퍼즐을 바꿔 넣어서 연습해 보세요.

我
Wǒ

?

呢。
ne.

听音乐
tīng yīnyuè
음악을 듣다

洗脸
xǐliǎn
세수하다

看书
kàn shū
책을 보다

단어 더 알기

⭐ 우리 친구들은 학교가 끝나고 집에 가면 무엇을 하나요? 다음 단어를 따라 읽어 보세요.

看电视
kàn diànshì
TV를 보다

看电影
kàn diànyǐng
영화를 보다

吃饭
chī fàn
밥을 먹다

洗手
xǐ shǒu
손을 씻다

做作业
zuò zuòyè
숙제를 하다

洗头
xǐ tóu
머리를 감다

洗澡
xǐ zǎo
목욕을 하다

刷牙
shuā yá
이를 닦다(양치질하다)

我 ⬜ 呢。
Wǒ ⬜ ne.

66

한자 익히기

⭐ 재미있는 이야기와 그림으로 한자의 뜻을 알아보고, 또박또박 바르게 써 보세요.

씻을 세
xǐ

'씻다'라는 뜻을 가지고 있는 한자를 자세히 보면 '물 수(水)'와 '먼저 선(先)'으로 이루어져 있어요. 여러분은 집에 들어오면 무엇 먼저 하나요? 손과 발을 깨끗하게 씻죠? 또, 손발을 씻을 때 주변에 물방울이 튀기도 하는데, 洗과 모양이 비슷하지 않나요? 그래서 洗이라는 한자는 '씻다'라는 뜻을 가지게 되었어요.

너는 어디에 가고 싶니?

8

다락이는 꿈에서 비행기 조종사가 되었어요.
친구들과 어느 나라로 여행을 갈까요?
그림 속에 숨어 있는 한자를 찾아 "你想去哪儿?" 문장을 완성해 보세요.

P08_01

⭐ 민건이는 어느 나라로 여행을 갈까요? 녹음을 잘 듣고 따라 말해 보세요.

> Wǒ xiǎng qù Zhōngguó.

> Nǐ xiǎng qù nǎr?

 你想去哪儿?
Nǐ xiǎng qù nǎr?

 我想去中国。
Wǒ xiǎng qù Zhōngguó.

단어 想 xiǎng ～하고 싶다　　去 qù 가다
哪儿 nǎr 어디?　　中国 Zhōngguó 중국

70

P08_03

⊛ 미송이는 어느 나라로 여행을 갈까요? 녹음을 잘 듣고 따라 말해 보세요.

Wǒ xiǎng qù Fǎguó.

Nǐ xiǎng qù nǎr?

 你想去哪儿?
Nǐ xiǎng qù nǎr?

 我想去法国。
Wǒ xiǎng qù Fǎguó.

 法国 Fǎguó 프랑스

P08_04

⭐ 소을이는 어느 나라로 여행을 갈까요? 녹음을 잘 듣고 따라 말해 보세요.

Wǒ xiǎng qù Měiguó.

Nǐ xiǎng qù nǎr?

 你想去哪儿?
Nǐ xiǎng qù nǎr?

 我想去美国。
Wǒ xiǎng qù Měiguó.

 단어 　美国 Měiguó 미국

72

바꿔 말하기

⭐ 다음 빈칸에 낱말 퍼즐을 바꿔 넣어서 연습해 보세요.

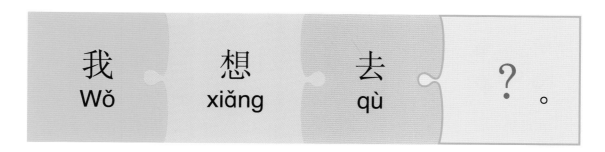

我　　想　　去　　？ 。
Wǒ　　xiǎng　　qù

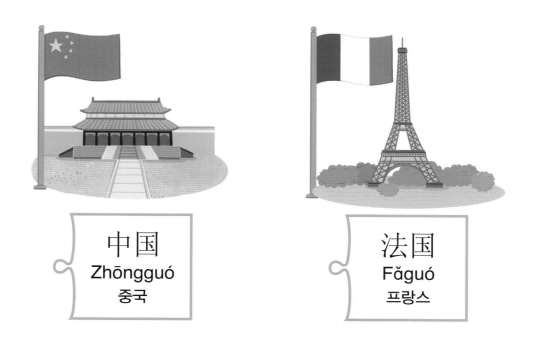

中国
Zhōngguó
중국

法国
Fǎguó
프랑스

美国
Měiguó
미국

단어 더 알기

⭐ 우리 친구들은 어느 나라로 여행을 가고 싶나요? 다음 단어를 따라 읽어 보세요.

韩国
Hánguó
한국

日本
Rìběn
일본

加拿大
Jiānádà
캐나다

德国
Déguó
독일

英国
Yīngguó
영국

意大利
Yìdàlì
이탈리아

泰国
Tàiguó
태국

越南
Yuènán
베트남

我想去 ☐ 。
Wǒ xiǎng qù ☐ .

⭐ 재미있는 이야기와 그림으로 한자의 뜻을 알아보고, 또박또박 바르게 써 보세요.

생각 상
xiǎng

想은 '생각하다', '그리워하다', '하고 싶다'라는 뜻을 가지고 있어요. 한자를 자세히 살펴보면 '나무 목(木)', '눈 목(目)', '마음 심(心)'으로 이루어져 있어요. 그림을 보면 팡팡이가 나무에 기대어 눈을 감고 무엇인가 생각하고 있는 것 같아요. 아마도 팡팡이가 고향을 생각하니 부모님이 그리워져서 중국에 가고 싶나 봐요. 그래서 想은 '생각하다'에서 '그리워하다'라는 뜻까지 갖게 되었어요.

녹음을 잘 듣고 빈 말풍선에 들어갈 알맞은 스티커를 찾아서 붙여보세요.

① 즐거운 점심시간이 되었어요. 다락이와 팡팡이가 좋아하는 것은 무엇일까요?

Q02_02

⭐ 우리 친구들은 어떤 음식과 음료를 좋아하나요?
신나는 반주에 맞춰 챈트를 따라 불러보세요.

맛있는 음식을 중국어로 말해 봐요!

✌, ✌, ✌, ✌, ✌, ✌ !

다락이가 좋아하는 아이 매워 김치는　　　　pàocài × 5

팡팡이가 좋아하는 고소한 우유는　　　　　niúnǎi × 5

민건이가 좋아하는 톡톡 쏘는 콜라는　　　kělè × 5

맛있는 음식을 중국어로 말해 봐요!

✌, ✌, ✌, ✌, ✌, ✌ !

미송이가 좋아하는 새콤달콤 요거트　　　suānnǎi × 5

소을이가 좋아하는 고기채소 볶음밥　　　chǎofàn × 5

누구나 좋아하는 알록달록 비빔밥　　　　bànfàn × 5

② 방과후 수업 시간이 되었어요.
　다락이와 친구들은 어떤 수업을 들을까요?

78

⭐ 방과후수업 시간에 다락이와 친구들이 어떤 수업을 듣는지 알아볼까요?
신나는 반주에 맞춰 챈트를 따라 불러보세요.

방과후 수업을 중국어로 말해 봐요!

☝, ✌, ☝, ✌, 🖖, 🖐 !

월요일에는 슛 골인 신나는 축구수업	zúqiú × 5
화요일에는 백조처럼 우아하게 발레수업	bālěi × 5
수요일에는 화가처럼 슥슥삭삭 미술수업	měishù × 5

방과후 수업을 중국어로 말해 봐요!

☝, ✌, ☝, ✌, 🖖, 🖐 !

목요일에는 뽀포모포 신나는 중국어수업	Hànyǔ × 5
금요일에는 abc 재미있는 영어수업	Yīngyǔ × 5
월화수목금토일 매일매일 즐거워요!	
랄랄라~랄랄라~랄라랄라 랄라~	

3 다락이가 친구들에게 전화를 걸고 있어요.
저녁시간에 우리 친구들은 무엇을 하고 있을까요?

☆ 저녁시간에 우리 친구들이 무엇을 하며 쉬고 있는지 알아볼까요?
신나는 반주에 맞춰 챈트를 따라 불러보세요.

집에서는 무엇을 할까 중국어로 말해 봐요!

미송이는 무얼할까 랄랄라라 음악듣기   tīng yīnyuè × 3

팡팡이는 무얼할까 재미있는 TV보기   kàn diànshì × 3

민건이는 무얼할까 어푸어푸 세수하기   xǐliǎn × 5

집에서는 무엇을 할까 중국어로 말해 봐요!

미송이는 무얼할까 하나둘셋 숙제하기   zuò zuòyè × 3

소을이는 무얼할까 흥미진진 영화보기   kàn diànyǐng × 3

다락이는 무얼할까 치카치카 양치하기   shuāyá × 5

④ 다락이가 잠자리에 들었어요.
다락이는 꿈 속에서 무엇을 하고 있을까요?

*晚安 wǎn'ān은 밤에 하는 인사로, "잘자요"라는 표현이에요!

5 다락이가 신나고 재미있는 꿈을 꾸고 있나 봐요.
다락이는 꿈 속에서 무엇을 하고 있을까요?

Q02_09

⭐ 다락이와 친구들이 세계 여행을 떠났어요. 우리 친구들은 어느 나라에 가고 싶나요? 신나는 반주에 맞춰 챈트를 따라 불러보세요.

가고 싶은 나라를 중국어로 말해 봐요!

☝️, ✌️, ☝️, ✌️, ✌️, 🖐️ !

민건이가 가고 싶은 니하오 중국은	Zhōngguó × 5
미송이가 가고 싶은 봉주르 프랑스는	Fǎguó × 5
소율이가 가고 싶은 헬로우 미국은	Měiguó × 5

가고 싶은 나라를 중국어로 말해 봐요!

☝️, 🖐️, ☝️, ✌️, ✌️, 🖐️ !

팡팡이가 가고 싶은 신짜오 베트남은	Yuènán × 5
다락이가 가고 싶은 구텐탁 독일은	Déguó × 5
선생님이 가고 싶은 싸와디카 태국은	Tàiguó × 5

 같은 카드를 찾아라!

중국어 단어의 뜻과 소리는 물론, 카드 종류에 따라 병음이나 한자 모양을 익힐 수 있는 게임입니다. 두 명이서 할 수 있는 게임으로 같은 종류의 병음카드 두 세트를 가지고 진행할 수 있습니다. 예를 들어 병음카드 두 세트를 잘 섞어 나누어 갖고 같은 내용의 카드를 맞추는 식입니다. 병음이 익숙해졌다면 병음카드와 한자카드를 함께 사용하여 난이도를 높일 수 있습니다.

게임방법

❶ 각각 5장의 카드를 나누어 가지고, 5장의 카드는 내용이 보이도록 가운데 펼쳐 둔다. 남은 카드는 보이지 않도록 뒤집어 가운데 더미를 만들어 둔다.

❷ 내가 가진 카드 중 가운데 펼쳐진 5장의 카드와 같은 것이 있다면 큰 소리로 단어를 외치면서 맞춘 후 2장의 카드를 모두 가진다. 그리고 더미에 있는 카드 1장을 뒤집어 펼쳐 놓는다. 뒤집은 카드와 가운데 있는 카드와 같은 것이 있다면 중국어로 단어를 외치고 2장 모두 가져온다.

❸ 내가 가지고 있는 카드와 가운데 펼쳐진 카드 중 같은 것이 없다면 내가 가진 카드의 단어를 중국어로 외치며 가운데 놓고, 더미에 있는 카드 1장을 뒤집는다. 뒤집은 카드와 가운데 있는 카드와 일치하는 것이 없다면, 뒤집었던 카드 단어를 중국어로 외치며 가운데 펼쳐 놓는다.

❹ 돌아가면서 반복하여 게임하고, 카드를 가장 많이 가지고 있는 사람이 승리!

신나는 게임 (4)

⭐ 단어를 맞춰라!

중국어 단어의 뜻을 확인할 수 있는 게임입니다. 동작을 통해 뜻을 설명하므로 더 활기찬 수업이 될 수 있습니다. 개인이나 모둠으로 진행할 수도 있는데, 모둠으로 진행할 경우 팀원들이 돌아가면서 설명하고 답을 맞춥니다.

단어의 수량에 제한을 두고 시간 기록을 가지고 승패를 나눌 수도 있고, 시간 제한을 두고 맞힌 단어수를 가지고 승패를 나눌 수도 있습니다.

게임방법

❶ 20장의 카드를 잘 섞어서 내용이 보이지 않도록 뒤집어 놓는다.

❷ 가위바위보를 통해 먼저 문제를 낼 사람을 정한다.

❸ 카드 1장을 상대가 보지 못하도록 한 뒤, 해당 카드의 단어를 동작으로만 설명한다. 동작으로만 설명이 어려울 경우 한국어로 설명할 수 있도록 기회를 준다.

❹ 상대방이 중국어로 단어를 맞히면 카드를 상대방에게 주고, 맞히지 못할 경우 카드는 문제를 낸 사람이 갖는다.

❺ 돌아가면서 반복하여 게임한다. (카드를 많이 가진 사람(팀)이 승리!)

★ 정답과 해석
★ 낱말 모아보기
★ 한어병음 카드
★ 한자 카드

1과 　 좋은 아침이야!

10~11쪽

| 듣고
말하기1
12쪽 | 다락 : 좋은 아침이야!
민건 : 좋은 아침이야! |

| 듣고
말하기2
13쪽 | 팡팡 : 내일 봐!
고양이, 강아지 : 잘가! |

선생님 안녕하세요!

16~17쪽

<table>
<tr>
<td>듣고
말하기 1
18쪽</td>
<td>선생님 : 얘들아 안녕!
아이들 : 선생님 안녕하세요!</td>
</tr>
</table>

| 듣고
말하기 1
18쪽 | 선생님 : 얘들아 안녕!
아이들 : 선생님 안녕하세요! |

| 듣고
말하기 2
19쪽 | 미송 : 얘들아 안녕!
아이들 : 안녕! |

22~23쪽

| 듣고
말하기 1
24쪽 | 다락 : 안녕! 내 이름은 다락이야. 너는 이름이 뭐니? |
| | 미송 : 안녕! 내 이름은 미송이야. |

| 듣고
말하기 2
25쪽 | 팡팡 : 안녕! 내 이름은 팡팡이야. |
| | 미송 : 안…, 안녕! |

너는 연필이 있니?

28~29쪽

듣고 말하기 1 30쪽	다락 : 너는 연필이 있니?
	미송 : 있어.
	다락 : 고마워.
	미송 : 천만에.

듣고 말하기 2 31쪽	다락: 미안해.
	미송: 괜찮아, 괜찮아.

① 해석

다락 : 민건아, 좋은 아침이야!

민건 : 다락아, 좋은 아침이야!

팡팡 : 좋은 아침이야!

강아지, 고양이 : 팡팡아, 좋은 아침이야!

팡팡 : 내일 봐!

강아지, 고양이 : 잘 가!

정답

팡팡 : 早上好!

팡팡 : 明天见!

② 해석

아이들 : 선생님 안녕하세요!

선생님 : 얘들아 안녕!

미송 : 얘들아 안녕!

팡팡, 민건 : 안녕!

정답

아이들 : 老师好!

미송 : 你们好!

③ 해석

다락 : 안녕! 내 이름은 다락이야!

다락 : 너는 이름이 뭐니?

미송 : 내 이름은 미송이야.

팡팡 : 안녕! 나는 팡팡이야.

미송 : 안…, 안녕!

정답

다락 : 你叫什么名字?

팡팡 : 你好!我叫胖胖。

④ 해석

다락 : 너는 연필이 있니?

미송 : 있어.

다락 : 고마워.

미송 : 천만에.

다락 : 미안해.

미송 : 괜찮아, 괜찮아.

정답

다락 : 谢谢。

다락 : 对不起。

⑤ 해석

민건 : 지우개 있니?

팡팡 : 없어.

민건 : 자 있니?

팡팡 : 없어.

팡팡 : 미안해.

민건 : 괜찮아, 괜찮아.

정답

민건: 你有橡皮吗?

팡팡: 没有。

5과　나는 김치를 좋아해.

44~45쪽

| 듣고
말하기 1
46쪽 | 다락 : 너희는 김치를 좋아하니?
민건, 소을 : 좋아하지 않아. |

| 듣고
말하기 2
47쪽 | 팡팡 : 너는 우유를 좋아하니?
미송 : 별로 좋아하지 않아. |

| 듣고
말하기 3
48쪽 | 다락 : 나는 김치를 좋아해. 정말 맛있어!
팡팡 : 나는 우유를 좋아해. 정말 맛있어! |

나는 중국어 수업을 들어.

52~53쪽

듣고 말하기 1 54쪽	다락 : 너는 무슨 수업을 듣니? 민건 : 나는 축구 수업을 들어.

듣고 말하기 2 55쪽	다락 : 너희는 무슨 수업을 듣니? 미송, 소을 : 우리는 발레 수업을 들어.

듣고 말하기 3 56쪽	친구들 : 너는 무슨 수업을 듣니? 다락: 나는 중국어 수업을 들어. 정말 재미있어!

60~61쪽

듣고 말하기 1 62쪽	다락 : 너는 뭐하고 있니? 미송 : 나는 음악을 듣고 있어.

듣고 말하기 2 63쪽	다락 : 너는 뭐하고 있니? 민건 : 나는 세수하고 있어.

듣고 말하기 3 64쪽	다락 : 너는 뭐하고 있니? 소을 : 나는 책을 보고 있어.

너는 어디에 가고 싶니?

68~69쪽

| 듣고
말하기 1
70쪽 | 다락 : 너는 어디에 가고 싶니?
민건 : 나는 중국에 가고 싶어. |

| 듣고
말하기 2
71쪽 | 다락 : 너는 어디에 가고 싶니?
미송 : 나는 프랑스에 가고 싶어. |

| 듣고
말하기 3
72쪽 | 다락 : 너는 어디에 가고 싶니?
소을 : 나는 미국에 가고 싶어. |

① 해석

다락 : 너희는 김치를 좋아하니?

민건, 소을 : 싫어해.

팡팡 : 너는 우유를 좋아하니?

미송 : 별로 좋아하지 않아.

다락 : 나는 김치를 좋아해. 정말 맛있어!

팡팡 : 나는 우유를 좋아해. 정말 맛있어!

정답

민건, 소을 : 不喜欢。

팡팡 : 你喜欢牛奶吗?

② 해석

다락 : 너는 무슨 수업을 들어?

민건 : 나는 축구 수업을 들어.

다락 : 너희는 무슨 수업을 들어?

미송, 소을 : 우리는 발레 수업을 들어.

아이들 : 너는 무슨 수업을 들어?

다락 : 나는 중국어 수업을 들어.
　　　　정말 재미있어!

정답

민건 : 我上足球课。

아이들 : 你上什么课?

③ 해석

다락 : 너 뭐 하고 있어?

미송 : 난 음악을 듣고 있어.

다락 : 너 뭐 하고 있어?

민건 : 나는 세수하고 있어.

다락 : 너 뭐 하고 있어?

소을 : 나는 책을 보고 있어.

정답

다락 : 你干什么呢?

소을 : 我看书呢。

④ 해석

다락 : 아빠, 엄마 안녕히 주무세요.

부모님 : 잘 자렴.

다락 : 너는 어디에 가고 싶어?

민건 : 나는 중국에 가고 싶어.

정답

민건 : 我想去中国。

⑤ 해석

다락 : 너는 어디에 가고 싶어?

미송 : 나는 프랑스에 가고 싶어.

다락 : 너는 어디에 가고 싶어?

소을 : 나는 미국에 가고 싶어.

다락 : 너는 어디에 가고 싶어?

팡팡 : 나는 베트남에 가고 싶어.

정답

다락 : 你想去哪儿?

팡팡 : 我想去越南。

1과

早上	zǎoshang	아침
好	hǎo	안녕하다, 좋다
明天	míngtiān	내일
见	jiàn	만나다
再见	zàijiàn	잘 가요, 또 만나요
再	zài	또, 다시
晚上	wǎnshang	저녁

2과

你	nǐ	너
们	men	~들(복수)
老师	lǎoshī	선생님
我	wǒ	나
你们	nǐmen	너희들

3과

我	wǒ	나
叫	jiào	~라고 하다
什么	shénme	무엇?
名字	míngzi	이름

4과

有	yǒu	있다
铅笔	qiānbǐ	연필
吗	ma	~입니까?
谢谢	xièxie	고마워요
不客气	bú kèqi	천만에요
对不起	duìbuqǐ	미안해요
没关系	méi guānxi	괜찮아요
彩笔	cǎibǐ	색연필
圆珠笔	yuánzhūbǐ	볼펜
尺子	chǐzi	자
书	shū	책
橡皮	xiàngpí	지우개
蜡笔	làbǐ	크레파스
没有	méiyǒu	없다

5과

喜欢	xǐhuan	좋아하다
泡菜	pàocài	김치
不	bù	아니다(부정)
牛奶	niúnǎi	우유
不太	bú tài	별로 ~하지 않다
真	zhēn	정말, 진짜
好吃	hǎochī	맛있다(요리)

吃	chī	먹다
好喝	hǎohē	맛있다(음료)
喝	hē	마시다
拌饭	bànfàn	비빔밥
汉堡包	hànbǎobāo	햄버거
炸酱面	zhájiàngmiàn	자장면
酸奶	suānnǎi	요거트
比萨	bǐsà	피자
可乐	kělè	콜라
炒饭	chǎofàn	볶음밥
炒年糕	chǎoniángāo	떡볶이

6과

上课	shàng kè	수업을 하다(듣다)
课	kè	수업, 과목
足球	zúqiú	축구
芭蕾	bālěi	발레
汉语	Hànyǔ	중국어
有意思	yǒu yìsi	재미있다
英语	Yīngyǔ	영어
小提琴	xiǎotíqín	바이올린
美术	měishù	미술
数学	shùxué	수학
跆拳道	táiquándào	태권도
星期一	xīngqīyī	월요일

星期二	xīngqī'èr	화요일
星期三	xīngqīsān	수요일
星期四	xīngqīsì	목요일
星期五	xīngqīwǔ	금요일
星期六	xīngqīliù	토요일
星期天(=星期日)	xīngqītiān(=xīngqīrì)	일요일

7과

干	gàn	~을 하다
呢	ne	~ (하고) 있다
听	tīng	듣다
音乐	yīnyuè	음악
洗脸	xǐliǎn	세수하다
洗	xǐ	씻다
脸	liǎn	얼굴
看	kàn	보다
书	shū	책
吃饭	chī fàn	밥을 먹다
看电视	kàn diànshì	TV를 보다
看电影	kàn diànyǐng	영화를 보다
洗手	xǐ shǒu	손을 씻다
做作业	zuò zuòyè	숙제를 하다
洗头	xǐ tóu	머리를 감다
洗澡	xǐ zǎo	목욕을 하다
刷牙	shuā yá	이를 닦다(양치질하다)

想	xiǎng	~하고 싶다
去	qù	가다
哪儿	nǎr	어디?
中国	Zhōngguó	중국
法国	Fǎguó	프랑스
美国	Měiguó	미국
韩国	Hánguó	한국
日本	Rìběn	일본
加拿大	Jiānádà	캐나다
德国	Déguó	독일
英国	Yīngguó	영국
意大利	Yìdàlì	이탈리아
泰国	Tàiguó	태국
越南	Yuènán	베트남

한자

好	좋을 호	hǎo
們/们	들 문	men
名	이름 명	míng
筆/笔	붓 필	bǐ
口	입 구	kǒu
上	윗 상	shàng
洗	씻을 세	xǐ
想	생각 상	xiǎng

qiānbǐ

cǎibǐ

xiàngpí

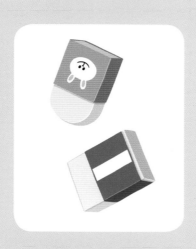

chǐzi

làbǐ

shū

pàocài

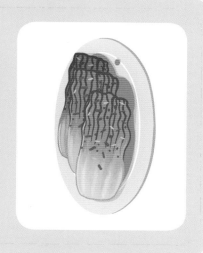

suānnǎi

niúnǎi

chǎofàn

kělè

bànfàn

zúqiú

Hànyǔ

shùxué

Yīngyǔ

měishù

bālěi

tīng yīnyuè

zuò zuòyè

kàn diànshì

kàn diànyǐng

xǐliǎn

shuāyá

Zhōngguó

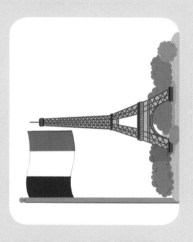

Fǎguó

Měiguó

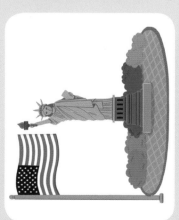

Yuènán

Déguó

Tàiguó

铅笔

彩笔

橡皮

尺子

蜡笔

书

泡菜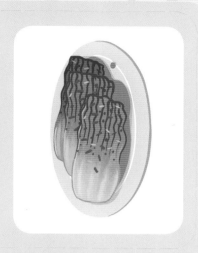

酸奶

牛奶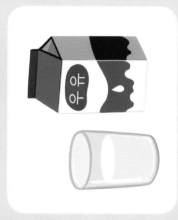

炒饭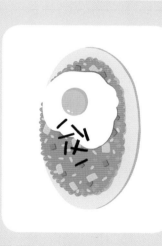

可乐

拌饭

足球

汉语

数学

英语

美术

芭蕾

听音乐

做作业

看电视

看电影

洗脸

刷牙

中国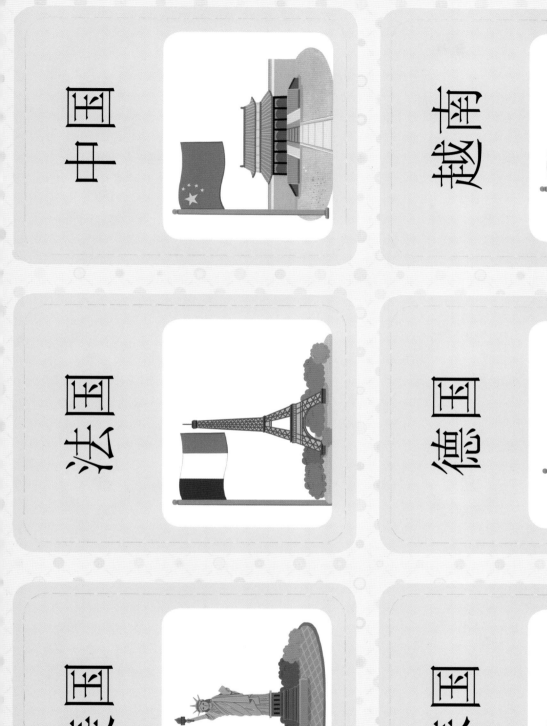

越南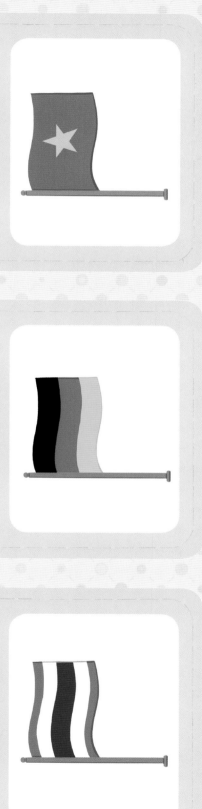

法国

德国

美国

泰国

Memo

Memo

10쪽

早上好！

11쪽

再见！

16쪽

老师好！

17쪽

你好！

23쪽

你叫什么名字？

28쪽

你有铅笔吗？

34쪽

早上好！

明天见！

35쪽

老师好！

你们好！

37쪽

你叫什么名字?

你好！我叫胖胖。

38쪽

谢谢。

对不起。

39쪽

你有橡皮吗?

没有。

44쪽

我喜欢泡菜。

53쪽

我上汉语课。

61쪽

你干什么呢?

76쪽

不喜欢。

你喜欢牛奶吗?

69쪽

你想去哪儿?

78쪽

我上足球课。

你上什么课?

80쪽

你干什么呢?

我看书呢。

82쪽

我想去中国。

83쪽

你想去哪儿?

我想去越南。

어린이 중국어 해결사

하루 일과

〈워크북〉

다락원

이 책의 차례

좋은 아침이야!

MP3_W01

1 녹음을 잘 듣고 운모 위에 알맞은 성조를 표시해 보세요.

(1) h a o

(2) m i n g

(3) z a i

(4) z a o

2 녹음을 잘 듣고 그림에 알맞은 한어병음에 동그라미 해 보세요.

(1) záoshang / zǎoshang

(2) míngtiān / míngtiàn

(3) zàijiàn / zàijiǎn

(4) wānshang / wǎnshang

4

3 녹음을 잘 듣고 빈칸에 들어갈 한어병음을 써 보세요.

(1)

zǎo_____ _____shang _____

(2)

_____jiàn zài_____ _____

(3)

_____shang wǎn_____ _____

4 그림과 일치하는 한어병음과 한자를 연결해 보세요.

(1)

· · zǎoshang · · 晚上

(2)

· · wǎnshang · · 明天

(3)

· · míngtiān · · 早上

5 그림에 알맞은 낱말을 표에서 찾아 동그라미 하고, 한자를 따라 써
보세요.

再	人	晚	土	天
大	早	上	日	月
明	天	下	贝	见
见	月	再	见	早
早	明	草	下	贝

(1)

早上

(2)

明天

(3)

再见

(4)

晚上

6 다음 문장을 큰 소리로 따라 읽으며 한자와 한어병음을 써 보세요.

(1)

早 上 好 ！

Zǎoshang hǎo!

(2)

晚 上 好 ！

Wǎnshang hǎo!

(3)

明 天 见 ！

Míngtiān jiàn!

7 한자를 바르게 써 보세요.

좋을 호 hǎo

好 好 好 好

선생님 안녕하세요!

MP3_W02

1 녹음을 잘 듣고 운모 위에 알맞은 성조를 표시해 보세요.

(1) ☐ wo

(2) ☐ ni

(3) ☐ ☐ laoshi

(4) ☐ nimen

2 녹음을 잘 듣고 그림에 알맞은 한어병음에 동그라미 해 보세요.

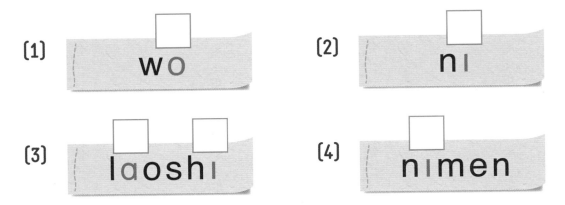

(1)

lǎoshī　lāoshī

(2)

nìmen　nǐmen

(3)

nǐ hao　nǐ hǎo

(4)

wǒ　wō

3 녹음을 잘 듣고 빈칸에 들어갈 한어병음을 써 보세요.

(1)

nǐ _____ | _____ hǎo | _____

(2)

_____ shī | lǎo _____ | _____

(3)

_____ men | nǐ _____ | _____

4 그림과 일치하는 한어병음과 한자를 연결해 보세요.

(1)

lǎoshī • 你

(2)

nǐ • 老师

(3)

wǒ • 我

5 그림에 알맞은 낱말을 표에서 찾아 동그라미 하고, 한자를 따라 써 보세요.

师	你	门	上	我
下	上	师	你	们
我	孝	下	好	门
老	师	上	早	你
们	门	我	再	老

(1)

老师

(2)

你们

(3)

我们

(4)

你好

6 다음 문장을 큰 소리로 따라 읽으며 한자와 한어병음을 써 보세요.

(1)

老 师 好 !

Lǎoshī hǎo!

(2)

你 们 好 !

Nǐmen hǎo!

(3)

你 好 !

Nǐ hǎo!

7 한자를 바르게 써 보세요.

들 문 men

| 們 | 們 | 们 | 们 |

너는 이름이 뭐니?

MP3_W03

1 녹음을 잘 듣고 운모 위에 알맞은 성조를 표시해 보세요.

[1] □ shenme

[2] □ ni

[3] □ jiao

[4] □ mingzi

2 녹음을 잘 듣고 그림에 알맞은 한어병음에 동그라미 해 보세요.

[1]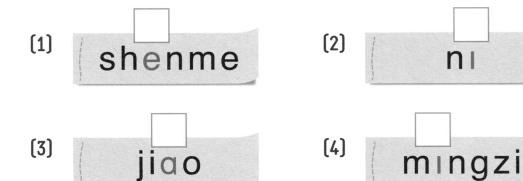

shénme　　shēnme

[2]

이름	팡팡이
중국어	Pàngpang

mǐngzi　　míngzi

[3]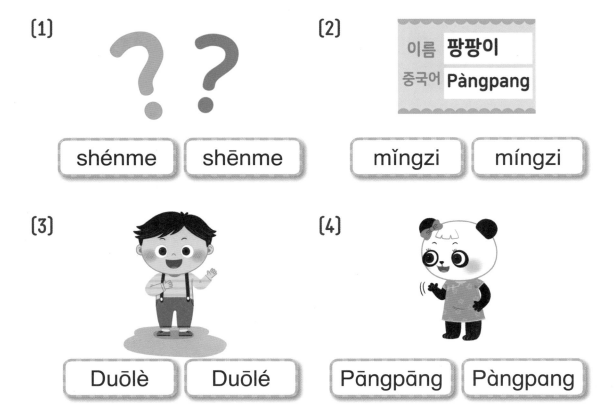

Duōlè　　Duōlé

[4]

Pāngpāng　　Pàngpang

3 녹음을 잘 듣고 빈칸에 들어갈 한어병음을 써 보세요.

(1)
_____ me | shén _____ | _____

(2)

이름 **팡팡이**
중국어 **Pàngpang**

_____ zi | míng _____ | _____

(3)

Pàng _____ | _____ pang | _____

4 그림과 일치하는 한어병음과 한자를 연결해 보세요.

(1)

• • shénme • • 名字

(2)

• • míngzi • • 美松

(3)

이름 **팡팡이**
중국어 **Pàngpang**

• • Měisōng • • 什么

5 그림에 알맞은 낱말을 표에서 찾아 동그라미 하고, 한자를 따라 써 보세요.

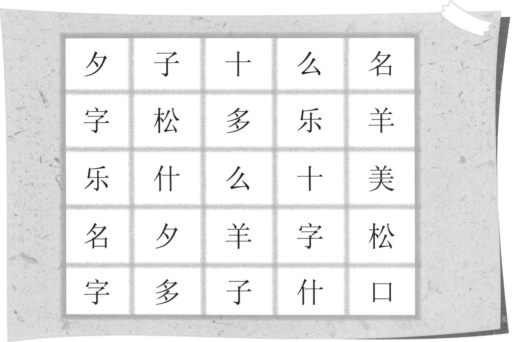

夕	子	十	么	名
字	松	多	乐	羊
乐	什	么	十	美
名	夕	羊	字	松
字	多	子	什	口

〔1〕

什么

〔2〕

이름 **팡팡이**
중국어 **Pàngpang**

名字

〔3〕

多乐

〔4〕

美松

6 그림에 알맞은 중국어 문장을 만들어 보세요.

[1]

你 叫 什 么 名 字 ?

Nǐ jiào shénme míngzi?

[2]

我 叫 多 乐 。

Wǒ jiào Duōlè.

[3]

| 이름 | |
| 중국어 | |

我 叫 _____ 。

Wǒ jiào _____ .

7 한자를 바르게 써 보세요.

이름 명 míng

| 名 | 名 | 名 | 名 |

너는 연필이 있니?

MP3_W04

1 녹음을 잘 듣고 운모 위에 알맞은 성조를 표시해 보세요.

(1)
□
you

(2)
□ □
qianbi

(3)
□
xiexie

(4)
□ □
bu keqi

2 녹음을 잘 듣고 그림에 알맞은 한어병음에 동그라미 해 보세요.

(1)
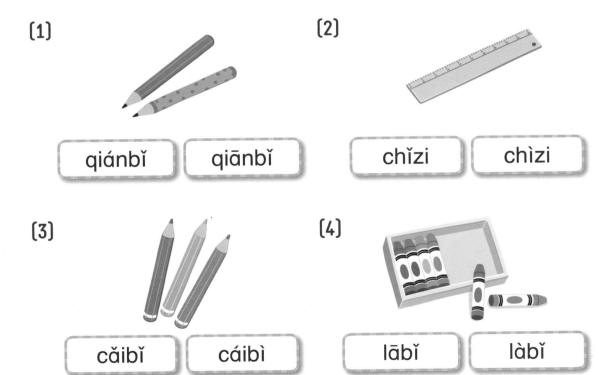

qiánbǐ   qiānbǐ

(2)

chǐzi   chìzi

(3)

cǎibǐ   cáibì

(4)

lābǐ   làbǐ

3 녹음을 잘 듣고 빈칸에 들어갈 한어병음을 써 보세요.

(1)

_____ buqǐ | duìbu _____ | _____

(2)

méi _____ | _____ guānxi | _____

(3)

xiè _____ | _____ xie | _____

4 그림과 일치하는 한어병음과 한자를 연결해 보세요.

(1)

• • yuánzhūbǐ • • 书

(2)

• • xiàngpí • • 橡皮

(3)

• • shū • • 圆珠笔

5 그림에 알맞은 낱말을 표에서 찾아 동그라미 하고, 한자를 따라 써 보세요.

谢	毛	珠	气	彩
谢	铅	蜡	关	圆
起	彩	笔	吗	毛
对	不	有	系	蜡
皮	不	客	气	客

〔1〕

彩笔

〔2〕

蜡笔

〔3〕

谢谢

〔4〕

不客气

6 그림에 알맞은 중국어 문장을 만들어 보세요.

(1)

你 有 铅 笔 吗 ?

Nǐ yǒu qiānbǐ ma?

有 。

Yǒu.

(2)

对 不 起

Duìbuqǐ.

没 关 系 。

Méi guānxi.

7 한자를 바르게 써 보세요.

붓 필 bǐ

筆	筆	笔	笔

01 그림에 알맞은 한어병음을 찾아보세요. ( )

① nǐ   ② wǒ

③ lǎoshī   ④ nǐmen

⑤ wǒmen

02 그림 속 주인공의 이름을 찾아보세요. ( )

① Duōlè － 多乐   ② Měisōng － 美松

③ Xiǎoyǐ － 小乙   ④ Mínjiàn － 旻建

⑤ Pàngpang － 胖胖

03 그림에 알맞은 단어를 찾아보세요. ( )

① qiānbǐ － 铅笔   ② làbǐ － 蜡笔

③ xiàngpí － 橡皮   ④ chǐzi － 尺子

⑤ cǎibǐ － 彩笔

04 그림에 알맞은 한어병음과 한국어 뜻이 바르게 짝지어진 것을 찾아보세요. ( )

① zǎoshang － 아침

② míngtiān － 어제

③ zàijiàn － 고마워

④ wǎnshang － 점심

⑤ hǎo － 싫어하다

05 그림의 상황에서 할 수 있는 알맞은 인사말을 찾아보세요. ( )

① Míngtiān jiàn!

② Zǎoshang hǎo!

③ Nǐmen hǎo!

④ Wǎnshang hǎo!

⑤ Zàijiàn!

06 그림의 상황에서 할 수 있는 알맞은 인사말을 찾아보세요. ( )

① Lǎoshī hǎo!

② Zǎoshang hǎo!

③ Nǐmen hǎo!

④ Wǎnshang hǎo!

⑤ Zàijiàn!

07 그림의 상황에서 선생님이 할 수 있는 인사말을 찾아보세요. ( )

① Wǎnshang hǎo!

② Lǎoshī hǎo!

③ Zàijiàn!

④ Míngtiān jiàn!

⑤ Nǐmen hǎo!

08 그림의 상황에서 학생들이 할 수 있는 인삿말을 찾아보세요. (　　)

① Nǐ jiào shénme míngzi?
② Lǎoshī hǎo!
③ Nǐmen hǎo!
④ Pàngpang, nǐ hǎo!
⑤ Wǒ jiào Duōlè.

09 대화에서 빈칸에 공통으로 들어갈 알맞은 단어를 찾아보세요. (　　)

① méi − 没
② yǒu − 有
③ jiào − 叫
④ bù − 不
⑤ hǎo − 好

Nǐ ＿＿ shénme míngzi?
你＿＿什么名字?

Wǒ ＿＿ Měisōng.
我＿＿美松。

10 그림의 상황에서 미송이가 할 수 있는 말을 찾아보세요. (　　)

① Xièxie. − 谢谢。
② Méi guānxi. − 没关系。
③ Bú kèqi. − 不客气。
④ Yǒu. − 有。
⑤ Méiyǒu. − 没有。

Duìbuqǐ.
对不起。

01 그림에 알맞은 한어병음을 찾아보세요. ( )

① chǐzi   ② yuánzhūbǐ

③ xiàngpí   ④ qiānbǐ

⑤ làbǐ

02 그림에 알맞은 단어를 찾아보세요. ( )

① nǐmen – 你们

② wǒmen – 我们

③ lǎoshīmen – 老师们

④ nǐ – 你

⑤ wǒ – 我

03 그림에 알맞은 표현을 찾아보세요. ( )

① Zǎoshang hǎo. – 잘가.

② Míngtiān jiàn. – 내일 봐.

③ Zàijiàn. – 고마워.

④ Nǐ hǎo. – 안녕.

⑤ Wǎnshang hǎo. – 좋은 아침이야.

04 그림을 보고 공통으로 들어갈 '~들'을 나타내는 단어를 찾아보세요.

( )

① 门 – mén
② 好 – hǎo
③ 没 – méi
④ 们 – men
⑤ 不 – bù

我 ＿＿＿
wǒ ＿＿＿

你 ＿＿＿
nǐ ＿＿＿

05 그림을 보고 공통으로 들어갈 알맞은 단어를 찾아보세요.　(　)

① 笔 – bǐ
② 气 – qì
③ 子 – zǐ
④ 不 – bù
⑤ 字 – zì

| 彩 ＿＿ cǎi ＿＿ | 蜡 ＿＿ là ＿＿ | 圆珠 ＿＿ yuánzhū ＿＿ |

06 아침 등굣길에 만난 친구들이 할 수 있는 인삿말을 찾아보세요. (　)

① Wǎnshang hǎo!
② Míngtiān jiàn!
③ Zàijiàn!
④ Lǎoshī hǎo!
⑤ Zǎoshang hǎo!

07 그림의 상황에서 다락이가 할 수 있는 알맞은 말을 찾아보세요.

(　)

① Nǐ jiào shénme míngzi?
② Lǎoshī hǎo!
③ Nǐmen hǎo!
④ Pàngpang, nǐ hǎo!
⑤ Wǒ jiào Pàngpang.

Wǒ jiào Měisōng.

08 대화에서 빈칸에 공통으로 들어갈 알맞은 단어를 찾아보세요. (　　)

① jiàn － 见
② yǒu － 有
③ méi － 没
④ zài － 再
⑤ hǎo － 好

09 그림의 상황에서 다락이와 미송이가 할 수 있는 말로 알맞은 것을 찾아보세요.

(　　)

	(1)		(2)
①	Xièxie.	－	Bú kèqi.
②	Duìbuqǐ.	－	Méi guānxi.
③	Duìbuqǐ.	－	Bú kèqi.
④	Yǒu.	－	Méiyǒu.
⑤	Xièxie.	－	Méi guānxi.

10 그림이 나타내는 한자와 소리가 바르게 짝지어진 것을 찾아보세요. (　　)

① 笔 － 필
② 好 － 호
③ 见 － 견
④ 名 － 명
⑤ 们 － 문

나는 김치를 좋아해.

MP3_W05

1 녹음을 잘 듣고 운모 위에 성조를 알맞게 표시해 보세요.

(1) □
h e

(2) □
z h e n

(3) □
b u

(4) □
x ı h u a n

2 녹음을 잘 듣고 그림에 알맞은 한어병음을 찾아 보세요.

(1) chī | chí

(2) pāocài | pàocài

(3) niúnǎi | niūnǎi

(4) kělè | kēlè

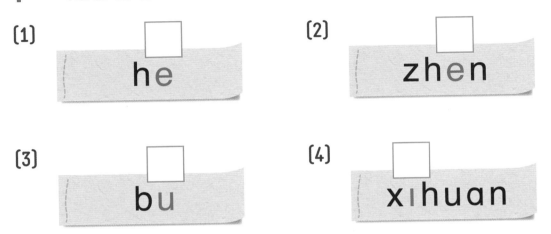

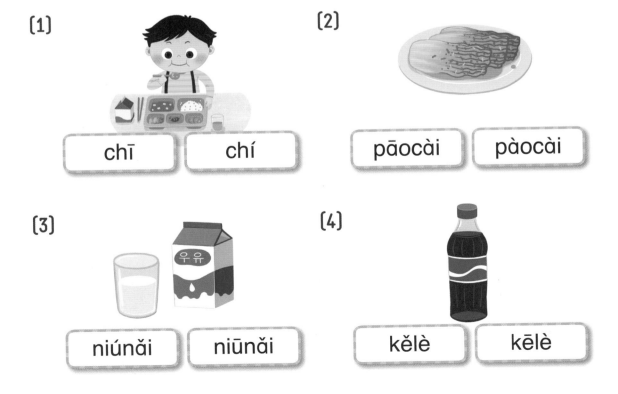

3 녹음을 잘 듣고 빈칸에 들어갈 한어병음을 써 보세요.

(1) _____ huan | xǐ _____ | _____

(2) pào _____ | _____ cài | _____

(3) _____ hē | hǎo _____ | _____

4 그림과 일치하는 한어병음과 한자를 연결해 보세요.

(1) • • bànfàn • • 酸奶

(2) • • hǎochī • • 拌饭

(3) • • suānnǎi • • 好吃

5 그림에 알맞은 낱말을 표에서 찾아 동그라미 하고, 한자를 따라 써 보세요.

喝	牛	奶	好	喝
可	喜	炒	饭	菜
乐	欢	年	汉	不
好	吃	糕	堡	果
炸	酱	面	包	汁

(1)

好吃

(2)

好喝

(3)

汉堡包

(4)

炸酱面

6 그림에 알맞은 중국어 문장을 만들어 보세요.

(1)

나는 김치를 좋아해.

보기　我　泡菜　喜欢

정답 _____ 。

(2)

나는 김치를 좋아하지 않아.

보기　不　我　泡菜　喜欢

정답 _____ 。

(3)

나는 우유를 별로 좋아하지 않아.

보기　牛奶　喜欢　不太　我

정답 _____ 。

7 한자를 바르게 써 보세요.

입 구 kǒu

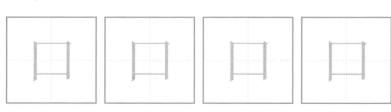

나는 중국어 수업을 들어.

MP3_W06

1 녹음을 잘 듣고 운모 위에 알맞은 성조를 표시해 보세요.

(1)
shang

(2)
ke

(3)
shenme

(4)
you yisi

2 녹음을 잘 듣고 그림에 알맞은 한어병음에 동그라미 해 보세요.

(1)

zúqiǔ zúqiú

(2)

bālěi bàlèi

(3)

Hānyǔ Hànyǔ

(4)

měishù méishù

3 녹음을 잘 듣고 빈칸에 들어갈 한어병음을 써 보세요.

(1) _____ yī ┆ xīngqī _____ ┆ _____

(2) _____ xué ┆ shù _____ ┆ _____

(3) zú _____ ┆ _____ qiú ┆ _____

4 그림과 일치하는 한어병음과 한자를 연결해 보세요.

(1) • • táiquándào • • 英语

(2) • • xiǎotíqín • • 小提琴

(3) • • Yīngyǔ • 跆拳道

5 그림에 알맞은 낱말을 표에서 찾아 동그라미 하고, 한자를 따라 써 보세요.

小	足	太	拳	道
么	球	数	学	星
有	意	思	美	期
天	汉	六	术	三
英	语	芭	蕾	一

[1]

足 球

[2]

星 期 三

[3]

有 意 思

[4]

英 语

6 그림에 알맞은 중국어 문장을 만들어 보세요.

[1]

너는 무슨 수업을 들어?

보기   什么   你   课   上

정답 _____ ?

[2]

나는 중국어 수업을 들어.

보기   汉语   我   课   上

정답 _____ 。

[3]

나는 축구 수업을 들어.

보기   上   足球   我   课

정답 _____ 。

7 한자를 바르게 써 보세요.

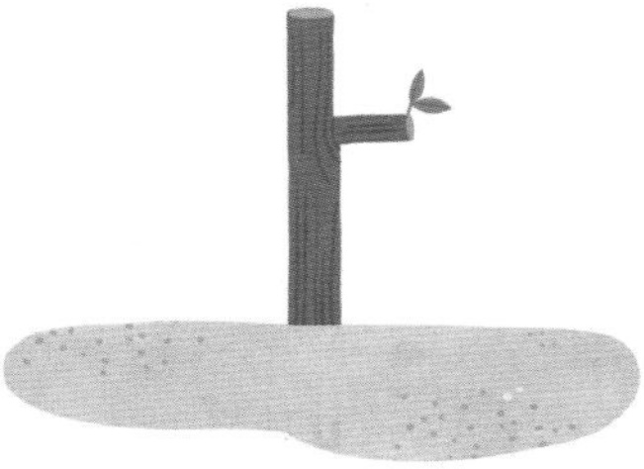

윗 상 shàng

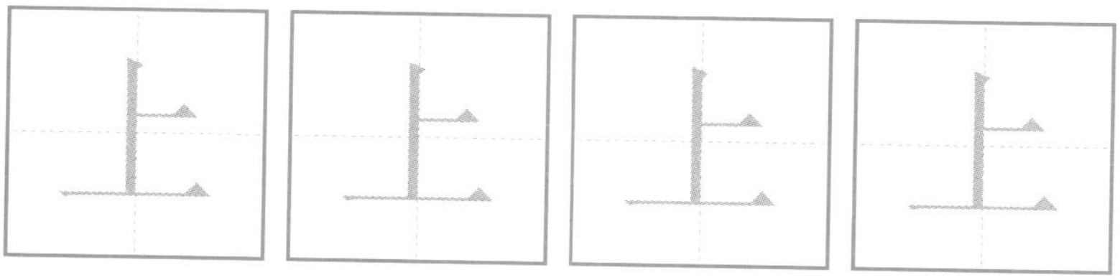

上   上   上   上

너는 무엇을 하고 있니?

MP3_W07

1 녹음을 잘 듣고 운모 위에 알맞은 성조를 표시해 보세요.

(1) □ g a n

(2) □ t ı n g

(3) □ x ı

(4) □ k a n

2 녹음을 잘 듣고 그림에 알맞은 한어병음에 동그라미 해 보세요.

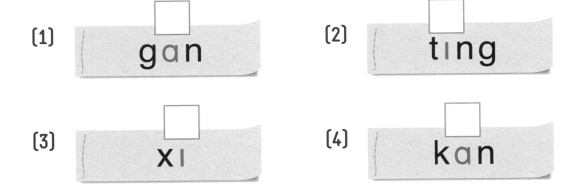

(1) kànshō   kànshū

(2) xǐliǎn   xǐliàn

(3) yīnyuè   yīnyuò

(4) chīfàn   chūfàn

3 녹음을 잘 듣고 빈칸에 들어갈 한어병음을 써 보세요.

〔1〕 _____ shǒu   xǐ _____   _____

〔2〕 kàn _____   _____ shū   _____

〔3〕 shuā _____   _____ yá   _____

4 그림과 일치하는 한어병음과 한자를 연결해 보세요.

〔1〕 •   • zuò zuòyè •   • 看电视

〔2〕 •   • xǐzǎo •   • 洗澡

〔3〕 •   • kàn diànshì •   • 做作业

5 그림에 알맞은 낱말을 표에서 찾아 동그라미 하고, 한자를 따라 써 보세요.

吃	饭	我	呢	听
做	作	业	洗	手
看	电	视	脸	听
书	做	书	先	澡
听	音	乐	你	头

(1)

看书

(2)

洗脸

(3)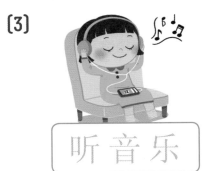

听音乐

(4)

吃饭

6 그림에 알맞은 중국어 문장을 만들어 보세요.

[1]

너는 뭐 하고 있니?

보기 你 什么 呢 干

정답 _____ ?

[2]

나는 음악을 듣고 있어.

보기 我 呢 音乐 听

정답 _____ 。

[3]

나는 책을 보고 있어.

보기 我 看 呢 书

정답 _____ 。

7 한자를 바르게 써 보세요.

씻을 세 xǐ

| 洗 | 洗 | 洗 | 洗 |

너는 어디에 가고 싶니?

MP3_W08

1 녹음을 잘 듣고 운모 위에 알맞은 성조를 표시해 보세요.

(1) □ xiang

(2) □ nar

(3) □ qu

(4) □ □ Meiguo

2 녹음을 잘 듣고 그림에 알맞은 한어병음에 동그라미 해 보세요.

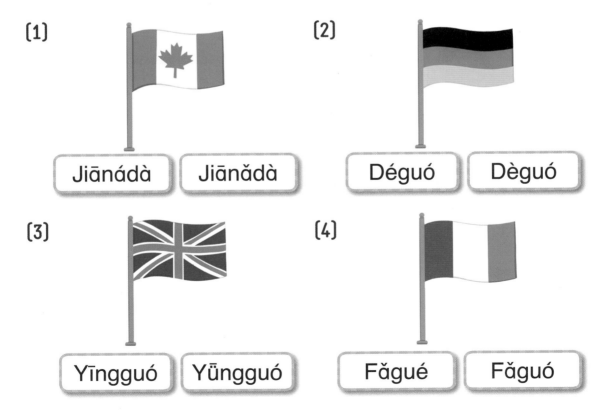

(1) Jiānádà | Jiānǎdà

(2) Déguó | Dèguó

(3) Yīngguó | Yǔngguó

(4) Fǎgué | Fǎguó

3 녹음을 잘 듣고 빈칸에 들어갈 한어병음을 써 보세요.

[1] _____guó Hán_____ | _____

[2] Yuè_____ _____nán | _____

[3] Měi_____ _____guó | _____

4 그림과 일치하는 한어병음과 한자를 연결해 보세요.

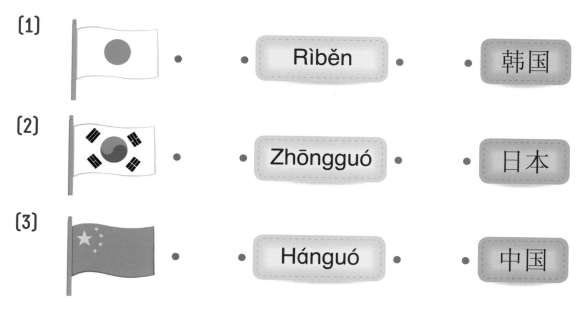

[1] • • Rìběn • • 韩国

[2] • • Zhōngguó • • 日本

[3] • • Hánguó • • 中国

5 그림에 알맞은 낱말을 표에서 찾아 동그라미 하고, 한자를 따라 써
보세요.

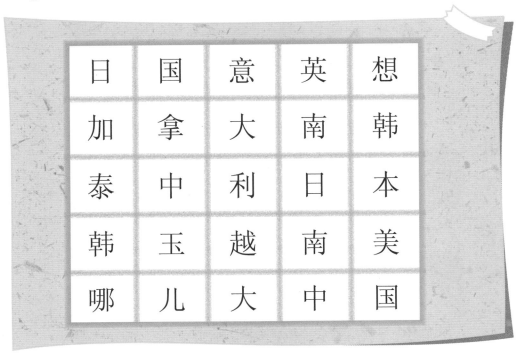

日	国	意	英	想
加	拿	大	南	韩
泰	中	利	日	本
韩	玉	越	南	美
哪	儿	大	中	国

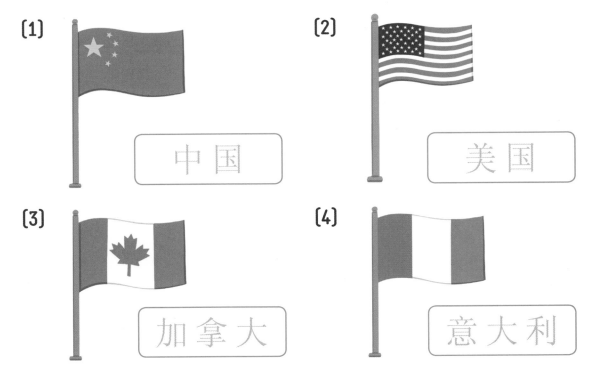

(1) 中国

(2) 美国

(3) 加拿大

(4) 意大利

6 그림에 알맞은 중국어 문장을 만들어 보세요.

(1)

너는 어디에 가고 싶어?

보기   想   去   你   哪儿

정답 _____ ?

(2)

나는 중국에 가고 싶어.

보기   中国   去   想   我

정답 _____ 。

(3)

나는 프랑스에 가고 싶어.

보기   我   去   法国   想

정답 _____ 。

7 한자를 바르게 써 보세요.

생각 상 xiǎng

| 想 | 想 | 想 | 想 |

종합평가 3

어린이 중국어 해결사 - 하루일과

01 그림에 알맞은 한어병음을 찾아보세요. (　　)

① pàocài　　② niúnǎi
③ bànfàn　　④ chǎofàn
⑤ kělè

02 그림에 알맞은 단어를 찾아보세요. (　　)

① 中国 – Zhōngguó
② 美国 – Měiguó
③ 加拿大 – Jiānádà
④ 德国 – Déguó
⑤ 日本 – Rìběn

03 요일과 뜻이 바르게 짝지어지지 않은 것을 찾아보세요. (　　)

① 星期一 – 월요일　　② 星期三 – 화요일
③ 星期五 – 금요일　　④ 星期六 – 토요일
⑤ 星期天 – 일요일

04 그림을 보고 공통으로 들어갈 알맞은 단어를 찾아보세요. (　　)

① 看 – kàn
② 洗 – xǐ
③ 干 – gàn
④ 听 – tīng
⑤ 吃 – chī

_____电视
diànshì

_____电影
diànyǐng

05 그림의 상황에서 민건이와 소을이가 할 수 있는 말을 찾아 보세요. ( )

① Zhēn hǎochī!
② Bù xǐhuan.
③ Wǒ xǐhuan pàocài.
④ Wǒ xǐhuan niúnǎi.
⑤ Nǐmen xǐhuan niúnǎi ma?

Nǐmen xǐhuan pàocài ma?

06 그림의 상황에서 다락이가 할 수 있는 말을 찾아보세요. ( )

① Zǎoshang hǎo!
② Nǐ jiào shénme míngzi?
③ Míngtiān jiàn!
④ Nǐ xiǎng qù nǎr?
⑤ Nǐ gàn shénme ne?

Wǒ kàn shū ne.

07 그림의 상황에서 다락이가 할 수 있는 말을 찾아 보세요. ( )

① Wǒ jiào Duōlè.
② Nǐ gàn shénme ne?
③ Nǐmen hǎo!
④ Nǐ xiǎng qù nǎr?
⑤ Nǐ jiào shénme míngzi?

Wǒ xiǎng qù Zhōngguó.

08 대화에서 빈칸에 공통으로 들어갈 알맞은 단어를 찾아보세요. (　)

① hǎo － 好
② bù － 不
③ méi － 没
④ zài － 再
⑤ shàng － 上

Nǐ ＿＿＿ shénme kè?
你＿＿＿什么课?

Wǒ ＿＿＿ zúqiú kè.
我＿＿＿足球课。

09 그림을 보고 보기에서 단어를 순서대로 골라 알맞은 문장을 만들어
보세요.　　　　　　　　　　　　　　　　　　　　　　　(　)

| ⓐ 做　ⓑ 呢　ⓒ 我　ⓓ 作业 |

① ⓓ － ⓒ － ⓑ － ⓐ
② ⓒ － ⓓ － ⓑ － ⓐ
③ ⓐ － ⓓ － ⓒ － ⓑ
④ ⓒ － ⓐ － ⓓ － ⓑ
⑤ ⓑ － ⓒ － ⓓ － ⓐ

10 그림이 나타내는 한자와 소리가 바르게 짝지어진
것을 찾아보세요.　　　　　　　　　(　)

① 口 － 구　　　② 上 － 상
③ 洗 － 세　　　④ 想 － 상
⑤ 們 － 문

01 그림에 알맞은 한어병음을 찾아보세요. ( )

① hànbǎobāo ② bǐsà

③ zhájiàngmiàn ④ chǎoniángāo

⑤ suānnǎi

02 그림에 알맞은 한어병음을 찾아보세요. ( )

① chī fàn ② shuā yá

③ xǐliǎn ④ kàn shū

⑤ xǐ tóu

03 그림에 알맞은 단어를 찾아보세요. ( )

① 英国 – Yīngguó

② 美国 – Měiguó

③ 德国 – Déguó

④ 韩国 – Hánguó

⑤ 日本 – Rìběn

04 그림을 보고 공통으로 들어갈 알맞은 단어를 찾아보세요. ( )

① 看 – kàn

② 听 – tīng

③ 刷 – shuā

④ 洗 – xǐ

⑤ 干 – gàn

___手 ___头 ___澡

05 그림의 상황에서 다락이가 할 수 있는 말을 찾아 보세요.　　(　)

① Nǐmen shàng shénme kè?

② Nǐ gàn shénme ne?

③ Nǐmen xǐhuan pàocài ma?

④ Nǐ xiǎng qù nǎr?

⑤ Nǐ jiào shénme míngzi?

Wǒmen shàng bālěi kè.

06 그림의 상황에서 미송이가 할 수 있는 말을 찾아 보세요.　　(　)

① Zhēn hǎochī!

② Zhēn hǎohē!

③ Wǒ xǐhuan pàocài.

④ Bú tài xǐhuan.

⑤ Nǐmen xǐhuan pàocài ma?

Nǐ xǐhuan niúnǎi ma?

07 대화에서 빈칸에 공통으로 들어갈 알맞은 단어를 찾아보세요. (　)

① zhēn － 真

② shàng － 上

③ hē － 喝

④ chī － 吃

⑤ qù － 去

Wǒ xiǎng ____ Měiguó.
我想____美国。

Nǐ xiǎng ____ nǎr?
你想____哪儿?

08 대화에서 빈칸에 들어갈 알맞은 단어를 찾아보세요.　　　　(　)

① gàn – 干
② shàng – 上
③ méi – 没
④ yǒu – 有
⑤ ma – 吗

Nǐ ＿＿＿ shénme ne?
你＿＿＿什么呢?

Wǒ tīng yīnyuè ne.
我听音乐呢。

09 그림을 보고 보기에서 단어를 순서대로 골라 알맞은 문장을 만들보세요.　　　　(　)

ⓐ 去　　ⓑ 我　　ⓒ 越南　　ⓓ 想

① ⓓ – ⓒ – ⓑ – ⓐ
② ⓑ – ⓒ – ⓓ – ⓐ
③ ⓐ – ⓓ – ⓑ – ⓒ
④ ⓒ – ⓐ – ⓓ – ⓑ
⑤ ⓑ – ⓓ – ⓐ – ⓒ

10 그림이 나타내는 한자와 소리가 바르게 짝지어진 것을 찾아보세요.

　　　　(　)

① 口 – 구
② 想 – 상
③ 見 – 견
④ 筆 – 필
⑤ 們 – 문

Memo